L'ADMINISTRATION DES DOMAINES

LES COMPTES EXACTS ET LES FAUX

AU CINQUIÈME MILLENIUM AVANT L'ÈRE CHRÉTIENNE

L'ADMINISTRATION DES DOMAINES

LES COMPTES EXACTS

ET LES FAUX

AU CINQUIÈME MILLENIUM AVANT L'ÈRE CHRÉTIENNE

PAR

M. J. OPPERT

MEMBRE DE L'ACADÉMIE

EXTRAIT DES COMPTES RENDUS

DES SÉANCES DE L'ACADÉMIE DES INSCRIPTIONS ET BELLES-LETTRES

PARIS

IMPRIMERIE NATIONALE

M DCCC XCIX

L'ADMINISTRATION DES DOMAINES,

LES COMPTES EXACTS ET LES FAUX,

AU CINQUIÈME MILLENIUM AVANT L'ÈRE CHRÉTIENNE.

Si le siècle qui va finir doit occuper une grande place dans l'histoire du développement des sciences humaines, l'une des découvertes qui a une portée des plus grandes, c'est assurément la certitude désormais acquise de la haute antiquité des institutions qui forment encore aujourd'hui la base de notre vie sociale. Il y a un siècle, on se figurait que la civilisation qui nous régit aujourd'hui était relativement jeune. Du temps des patriarches, l'époque de Moïse était réputée l'aube d'une civilisation à moitié sauvage. On sait maintenant qu'entre les Pyramides et notre époque, le grand législateur d'Israël est à moitié chemin, et que nous vivons à peu près aussi longtemps après lui que les plus grands monuments de l'univers lui sont antérieurs. Nous n'avons pas à exposer ici combien de milliers d'années il a fallu pour que l'organisation politique du cinquantième siècle avant l'ère chrétienne fût en mesure de créer de pareilles œuvres colossales.

Si la civilisation de la Chaldée ne nous a pas laissé un héritage aussi gigantesque que la terre des Pharaons, les peuples qui habitaient les bassins de l'Euphrate et du Tigre ne lui accordent guère le prestige de l'antiquité. Au point de vue de la possibilité de déterminer exactement le laps de temps écoulé, la terre d'Asie l'emporte sur la vallée africaine. Il n'est même pas impossible que, dans ces époques très reculées, la science du golfe Persique ait été l'initiatrice des habitants des bords du Nil, et que ceux-ci en aient accepté les enseignements.

Une donnée attribuée à Aristote par Diogène Laërce (*proœmium*) s'applique rigoureusement à la chronologie chaldéenne ne remontons pas à la date de 49147 avant Jésus-Christ, 7500 ans avant le cataclysme chaldéen. Passons au déluge, et même beaucoup au delà; occupons-nous d'époques bien plus rapprochées de nous. Nous ne prétendons nullement que le cinquième millenium avant l'ère vulgaire soit précisément hier; nous nous sentons néanmoins en communauté d'idées avec ces temps compris entre le cinquantième et le quarantième siècle : c'est l'organisation de leurs impôts, leurs dîmes fournies à l'État avec probité ou malhonnêteté, que nous allons étudier.

I

Le Musée britannique a publié un assez grand nombre de textes à la fois géodésiques et économiques, disons même financiers, remontant à la dynastie dite, faute de mieux, première dynastie d'Ur. Cette lignée de rois était jusqu'ici regardée comme postérieure à la dynastie sémitique de Bingani-sar-eres, qui put être le monarque nommé Sargon Ier, à son fils Naramsin, et au fils de ce dernier Bingani-sar-eres II, qui vivaient aux trente-huitième et trente-septième siècles avant l'ère chrétienne. Rien ne nous prouve que la dynastie des *patesi* de Sirgalla ou de Telloh, ainsi que les princes d'Ur, Urbabi, nommé autrefois Orcham, son fils Sulghi (lu mal *Dunghi*) soient postérieurs à cette date. Les textes que nous examinerons en premier lieu sont tous écrits en sumérien, sans aucun mélange d'assyrien, tandis que les documents de la dynastie de Sargon Ier sont purement et franchement sémitiques. Cette question de priorité chronologique reste ouverte : elle peut être décidée en faveur de la plus haute antiquité des documents mentionnés en raison même des faits métrologiques. Tout y est rédigé d'une façon compliquée, exacte, mais inexpérimentée, qui ne se retrouve plus dans les textes du temps de Naramsin. Le travail continu rend les méthodes plus simples, et l'étude seule parvient à établir des solutions moins compliquées; ce qu'on abandonne en fait de difficulté, on le gagne en lucidité. Les données vagues dans le début deviennent de plus en plus précises; les mêmes expressions s'appliquent dans les temps plus reculés à des mesures linéaires et superficiaires moins grandes que dans les époques plus récentes.

Dans tous les âges, on mesurait les terres par des quadrilatères séparés en lots; dans les temps plus rapprochés de nous, on les déterminait en divisant les tétragones en deux triangles dont on déterminait les diagonales communes et les hauteurs différentes quand les côtés étaient inégaux. Dans la haute antiquité, le mode était plus compliqué; quelque peu croyable que puisse paraître de prime abord la disposition suivante, elle se trouve confirmée par des centaines d'exemples.

On établissait une base, toujours *en longueur*, qu'on appelait *sud,* terme auquel on joignait le mot *hi* «beaucoup, plein»; ce qui voulait dire qu'on le comptait pour les deux côtés. On formait avec la *hauteur,* que l'on nommait *est,* un rectangle; ce qui était en dehors, *et en plus,* s'appelait *au-dessus (ganbar)*; ce qui en manquait se nommait «en-dessous», *en moins (ki).* La différence de ces deux valeurs, soit positive, soit négative, était ajoutée au produit des deux mesures de longueur à ce rectangle fictif et donnait le résultat de la *surface,* désignée par le mot *asag,* en assyrien *iqlu* «champ».

La désignation de la longueur linéaire était toujours spécifiée; quand la hauteur n'était pas complètement égale, et que la figure primitive était un trapézoïde, le mot *hia* «beaucoup» manque, et après le mot *est* se trouve le nombre variable. Ces deux valeurs linéaires sont toujours évaluées à l'aide de la *toise*[1], exprimée par la *double canne,* ⫿⫿⫿ ou ⩊, semblable au signe

---

[1] Pour les époques plus récentes la mesure répond à notre *perche.*

sa; elle mesurait 12 *empans*, *U*, mais cette subdivision ne paraît que dans les évaluations de la hauteur. La détermination de la longueur ne descend jamais au-dessous *de la moitié* de la toise, et, nulle part, ne paraît une valeur moindre que le *demi-empan*. Les chiffres qui se trouvent comme coefficients de la toise montent quelquefois à un millier, ce qui nous force à accepter pour l'empan la moindre valeur possible, celle de 27 centimètres : la toise sera donc de 3 m. 24, en sorte qu'avec cette valeur minime nous arrivons déjà à des parcelles de champ qui ont 3 kilomètres de côté. Si nous pensions à appliquer les évaluations des époques plus modernes, nous arriverions au résultat absurde d'un lot ayant 16 kilomètres de longueur.

Une *toise carrée* est le *bin* 𒐕, donc 10 m. q. 5; mais il ne paraît pas dans ces textes antiques, où il n'est question que du *centuple*, désigné par le signe 𒃷 *gan*, probablement *'ginu* en assyrien. C'est une superficie de 10 a. 5, nommons-la *arpent*. Comme nous rencontrons assez souvent des «champs» de 2,000 de ces unités, nous parvenons, avec l'évaluation la plus modeste, pour le *U*, déjà à une étendue de 2 kilomètres carrés. Dans les textes plus récents, nous constatons la subdivision de l'arpent *agrandi* en 60 *bin*, de 60 *ṭu* à 180 *se* ou grains, ce qui donnerait, dans ce système, pour le grain la surface ridicule de 10 centimètres carrés; jamais l'arpent n'était alors subdivisé au delà de la *moitié* et du *quart*, en sorte que la plus petite valeur superficiaire, celle du quart d'arpent, ne descend pas au-dessous d'un carré de 16 mètres de côté.

Ce qui caractérise encore cette haute antiquité, c'est la diversité de la notation arithmétique appliquée à chacune des mesures linéaires, superficiaires, voluminaires et pondérales: dans les époques modernes, les signes spéciaux désignant les volumes auront seuls survécu, et la notation sexagésimale aura cédé la place au système purement décimal.

Les signes employés pour désigner les surfaces sont spécialement réservés à la catégorie du second degré. Il en existe deux formes, dont l'une très archaïque, l'autre plus récente; elle semble avoir été abandonnée depuis la fin du troisième millenium, et avoir été remplacée par l'évaluation des surfaces indiquant les volumes de capacité correspondant conventionnellement à telle ou telle unité superficiaire. Ce mode moderne, sur lequel nous nous sommes expliqué souvent, était remplacé dans la haute antiquité par la notation dont nous avons déjà parlé, et où le *gan* (*ginu*) formait l'unité fondamentale. Les seules subdivisions que comporte l'unité du *gan* ou « arpent », sont le quart et la moitié : il y avait jadis, sans doute, une quadruple manière, l'une décimale, l'autre sextale dont la base avait la série *forte et faible*, dont voici le schéma :

$$
\begin{array}{lccccccc}
\text{I.} & \tfrac{1}{4} & \tfrac{1}{2} & 1 & 10 & 60 & 600 & 3600 \\
\text{II.} & \tfrac{1}{4} & \tfrac{1}{2} & 1 & 10 & 30 & 300 & 1800 \\
\text{III.} & \tfrac{1}{4} & \tfrac{1}{2} & 1 & 6 & 36 & 360 & 2160 \\
\text{IV.} & \tfrac{1}{4} & \tfrac{1}{2} & 1 & 6 & 18 & 180 & 1080 \\
\end{array}
$$

Dans l'application, nous ne connaissons que le quatrième mode, en sorte que les signes désignent les valeurs suivantes en arpents[1] :

$$
\tfrac{1}{4} \qquad \tfrac{1}{2} \qquad 1 \qquad 6 \qquad 18 \qquad 180 \qquad 1080
$$

Jusqu'ici toutes les tentatives faites pour expliquer ces signes ont été vaines. L'unité ►— et le *cars*, 3600, trouvent ailleurs leur analogie; le crochet ⟨ signifie 18; le ►–◄ est le Ɣ, 6, couché. Les signes sont toujours répétés le nombre de fois voulu.

Les mesures de capacité sont désignées par les caractères,

---

[1] Il y a des formes antiques que nous n'avons pas reproduites ici et dont M. Thureau-Dangin a donné la liste; il a signalé dans un article (*Z. A.*, XI, 428 et suiv.) l'existence des différences ajoutées aux résultats des quadrilatères.

aujourd'hui connus, dont nous avons pu donner le déchiffrement en 1885. Le système est le système décimal : l'hecte comprend 10 cabs, 6 comme, plus tard, à Babylone, l'amphore de 60 cabs, et est alors exprimé par le simple clou vertical, ce qui peut faire supposer que ce système était le mode primordial. Le cor (*qur*) de cinq amphores (*pi*) est compté d'après le comput sexagésimal, en *soses* de 60, *ner* de 600. et *sars* de 3600; pour ce dernier signe on voit souvent un caractère très compliqué : assyrien, *de* et *mum*.

II

A la suite des explications paléographiques nous abordons le terrain économique. Après l'énumération de l'étendue des parcelles du bien-fonds, vient une répartition des terrains d'après leur force productive, et la dîme qu'elles doivent au prince régnant ou au représentant de celui-ci. Une grande partie des champs est improductive, et désignée alors par *sut* (généralement *ariku* long), mais indiquant ici la stérilité ou plutôt l'immunité, le privilège de ne rien payer ni fournir. La spécification très diverse est faite par cors ou parties de cor, appliquées à l'arpent. Le cor, divisé en 300 cabs, est la mesure ordinaire, ainsi que nous l'avons prouvé. Le terme *sut* n'est pas l'absence absolue de récolte, mais pourrait être aussi traduit par « en jachère » ou « terrains bas », car cette dernière notion est rendue par le signe *nam, nav* prononcé *nau,* la négation, et indique « le néant », *gan nau,* et *gan navneru* exprime le terrain improductif.

Nous choisissons d'abord un texte (*B. M.,* I, 96 - 3–28, 1)[1] tracé sur une espèce de plat rond, écrit de deux côtés, chacun

[1] C'est-à-dire acquis par le Musée, le 28 mars 1896, n° 1.

à trois colonnes. C'est le document cadastral d'un bien-fonds improductif, divisé en onze lots. L'énumération aride servait à fixer la contribution foncière, qu'elle fût ou non productive. Le texte est en sumérien, et date de l'époque antésémitique.

(Recto I.) 800 toises en long, des deux côtés, 14 toises 5 empans en long des deux côtés, $1\frac{3}{4}$ arpents en plus, $6\frac{1}{2}$ en moins, champs de $118\frac{1}{4}$ arpents improductifs. Blé : néant.

Nanna, possesseur. Mesuré par (*gan-gat*) Kalla, fils de Ka-(?)u-ka.

II. 860 toises en long des deux côtés, 14 toises 5 empans en large des deux côtés, $\frac{1}{2}$ arpent en plus, 7 en moins, champ de $117\frac{1}{2}$ arpents improductifs. Blé : néant. (2ᵉ colonne.) Urbabi, possesseur.

III. 830 toises en long des deux côtés, 14 toises 2 empans des deux côtés, $1\frac{1}{4}$ arpents en plus, 8 en moins, champ de 111 arpents improductifs. Blé : néant.

Ur-Gula, possesseur. Mesuré par Sunamuge délégué par Ur-Sulghi. Fief du district (*ps-nam-il*).

IV. 830 toises en long des deux côtés, $12\frac{1}{2}$ toises 5 empans en large des deux côtés, $2\frac{3}{4}$ arpents en plus, 5 en moins, champ de 105 arpents improductifs. Blé : néant.

A Kala, possesseur, mesuré par Abbamue, délégué par Iddada.

V. 860 toises en long des deux côtés, $12\frac{1}{2}$ toises, 5 empans en large des deux côtés, zéro arpent en plus, 8 en moins, champ de 102 arpents improductifs. Blé : néant.

Ur-tip, possesseur, mesuré par le délégué du roi Singalla. Fief de An-io-Bau. Champ *aballa* (désert?)

VI. 60 toises en long des deux côtés, 42 toises 2 empans en large des deux côtés, $52\frac{1}{2}$ arpents en plus, 1 en moins, champ de $76\frac{3}{4}$ arpents improductifs. Blé : néant. Premier lot rempli par l'eau (*adu 1 kam*).

VII. 140 toises en long des deux côtés, 35 toises en large des deux côtés, 10 arpents en plus, 1 en moins, champ de 58 arpents improductifs. Blé : néant. Second lot rempli par l'eau. Revers (4ᵉ colonne). An-nera (?é), possesseur. Mesuré par Ur-aku, délégué par Katar-Baū. Le champ au Dieu . . . . . , fief du district.

VIII. 120 toises en long des deux côtés, 69 toises de large des deux côtés, 60 $\frac{1}{4}$ arpents en plus, 16 $\frac{1}{4}$ en moins, champ de 125 $\frac{3}{4}$ arpents improductifs. Blé : néant.

Kaüka, propriétaire. Mesuré par Ur-Baū, délégué par Katar-Baū. Fief du district.

(5e colonne.) IX. 80 toises en long des deux côtés, 40 toises en large des deux côtés, 60 arpents en plus, 30 arpents en moins, champ de 108 arpents improductifs. Blé : néant.

Nu-Si-tal, possesseur. Champ fait à..... (*sul-su-ti*).

X. 140 toises en long des deux côtés, 66 toises en large des deux côtés, 13 $\frac{1}{2}$ arpents en plus, zéro en moins, champ de 109 arpents improductifs. Blé : néant.

Ur-sak-utukki (?) possesseur. Mesuré par Nu-Salni (ki), délégué par Atu.

XI. 180 toises en long des deux côtés, 43 $\frac{1}{2}$ toises en large des deux côtés, 47 arpents en plus, 1 $\frac{1}{4}$ en moins, champ de 123 arpents improductifs. Blé : néant. Nu-Siruda possesseur. Mesuré par Nu-dingirra, délégué par Ur-Nera.

Champ pierreux (daqa). Fief du dieu Nin-girsu.

L'année après celle où fut triste la ville de Khukhtarri.

Voici les calculs développés et vérifiés :

I.
$$860\ sa \times 14\tfrac{5}{12}\ sa = 12{,}398\tfrac{1}{3}\ sa^2 = 124\ gan$$
$$+\ 1\tfrac{3}{4} - 6\tfrac{1}{2} \qquad\qquad = -\ 4\tfrac{3}{4}$$
$$= 119\tfrac{1}{4}$$

Aire : 119 $\frac{1}{4}$ *gan*.

II.
$$850\ sa \times 14\tfrac{5}{12} = 12{,}368\tfrac{1}{3}\ sa^2 = 124\ gan$$
$$+\ \tfrac{1}{2} - 7 \qquad\qquad = -\ 6\tfrac{1}{10}$$
$$= 117\tfrac{1}{2}$$

Aire : 117 $\frac{1}{2}$ *gan*.

III.
$$230\ sa \times 14\tfrac{1}{6}\ sa = 11{,}758\tfrac{1}{3}\ sa^2 = 117\tfrac{1}{2}\ gan$$
$$+\ 1\tfrac{1}{4} - 8 \qquad\qquad = -\ 6\tfrac{3}{4}$$
$$= 110\tfrac{3}{4}$$

Aire : 111 *gan*.

Il y a ici une légère faute au sujet de l'aire; l'aire de 111 est au-dessus du maximum possible.

IV. $\qquad 830\ sa \times 12\,\tfrac{11}{12}\ sa = 10{,}720\,\tfrac{5}{6} \qquad\qquad = 107\,\tfrac{1}{4}\ gan$
$\qquad\qquad + 2\,\tfrac{3}{4} - 5 \qquad\qquad\qquad\qquad\quad = -\,2\,\tfrac{1}{4}$
$$\rule{4cm}{0.4pt}$$
$\qquad\qquad\qquad\qquad\qquad\qquad\qquad\qquad = 105$

Aire : 105 *gan.*

V. $\qquad 860\ sa \times 12\,\tfrac{11}{12}\ sa = 11108\,\tfrac{1}{3}\ sa = 111\ gau$
$\qquad\qquad + 0 - 8 \qquad\qquad\qquad\qquad\qquad = -\,8$
$$\rule{4cm}{0.4pt}$$
$\qquad\qquad\qquad\qquad\qquad\qquad\qquad\qquad = 103$

Aire : 102,

Doit être ou bien une faute ou un losange d'angles ou sin. de $\tfrac{110}{111}$ ou sin. 82° 18′ et 97° 18′.

VI. $\qquad 60\ sa \times 42\,\tfrac{1}{4}\ sa \;=\; 2{,}535\ sa^2 \;=\; 25\,\tfrac{1}{4}\ gan$
$\qquad\qquad + 52\,\tfrac{1}{2} - 1 \qquad\qquad\qquad\qquad = +\,51\,\tfrac{1}{2}$
$$\rule{4cm}{0.4pt}$$
$\qquad\qquad\qquad\qquad\qquad\qquad\qquad = \;\; 76\,\tfrac{3}{4}$

Aire : $76\,\tfrac{3}{4}$.

On ne comprend guère cette adjonction d'un triangle de 175 *sa* de longueur, presque le triple du côté long.

VII. $\qquad 140\ sa \times 35\ sa \;=\; 4{,}200\ sa^2 \;=\; 49\ gan$
$\qquad\qquad + 10 - 1 \qquad\qquad\qquad\qquad\quad = +\,9$
$$\rule{4cm}{0.4pt}$$
$\qquad\qquad\qquad\qquad\qquad\qquad\qquad = \;\; 58$

Aire : 58 *gan.*

VIII. $\qquad 120\ sa \times 69\ sa \;=\; 8{,}280\ sa^2 \;=\; 82\,\tfrac{3}{4}\ gan$
$\qquad\qquad + 60\,\tfrac{1}{4} - 17\,\tfrac{1}{4} \qquad\qquad\qquad = +\,43\,\tfrac{3}{4}$
$$\rule{4cm}{0.4pt}$$
$\qquad\qquad\qquad\qquad\qquad\qquad\qquad = \;\; 125\,\tfrac{3}{4}$

Aire : $125\,\tfrac{3}{4}$ *gan.*

IX. $\qquad 180\ sa \times 40\ sa \;=\; 7{,}200\ sa^2 \;=\; 72\ gan$
$\qquad\qquad + 66 - 30 \qquad\qquad\qquad\qquad\quad = +\,36$
$$\rule{4cm}{0.4pt}$$
$\qquad\qquad\qquad\qquad\qquad\qquad\qquad = \;\; 108$

Aire : 108 *gan.*

X. $\qquad 140\ sa \times 66\ sa \;=\; 9{,}240\ sa^2 \;=\; 92\,\tfrac{1}{2}\ gan$
$\qquad\qquad + 13\,\tfrac{1}{2} - 0 \qquad\qquad\qquad\qquad = +\,13\,\tfrac{1}{2}$
$$\rule{4cm}{0.4pt}$$
$\qquad\qquad\qquad\qquad\qquad\qquad\qquad = \;\; 106$

Aire : 106 *gan.*

$$\text{XI.} \qquad 180 \; sa \times 43\tfrac{1}{2} \; sa = 7{,}838 \; sa^2 = 78\tfrac{1}{4}$$
$$+\, 47 - 1\tfrac{1}{4} \qquad\qquad = 45\tfrac{2}{4}$$
$$= 100$$

Aire : 100 *gan*.

Nous nous trouvons donc en présence de onze comptes s'accordant entre eux, et tous basés sur le même principe : c'est le rectangle primitif autour duquel se groupent les surfaces débordantes ou rentrantes et il n'est pas dit que ces deux catégories positives et négatives doivent toujours être restreintes à une seule et unique aire. L'exemple de l'aire VI pourrait nous faire croire que plusieurs superficies plus ou moins triangulaires devaient entourer le rectangle primordial. La surface entière dont traite notre document s'étendait donc sur 1,135$\tfrac{1}{4}$ *gan* ou arpents, et si l'on admet comme base l'étalon de Gudéa (0 m. 27 pour l'empan), on arrive à une aire de 119 hectares, équivalant à la superficie du iiiᵉ arrondissement de Paris (Temple). Ce terrain, d'une longueur moyenne de 2,500 mètres sur 450 de large, renfermait probablement des bâtisses; c'était peut-être un domaine urbain, ce que l'absence de toute récolte semble indiquer.

Le document peut remonter au cinquième millenium, probablement au temps de Sur-Aku (Sin-Amar), ou de Sulgi, dans l'année qui serait celle où il détruisit la ville, probablement située en Susiane, de *Khukhtarri*. Beaucoup de textes sont datés de la même année.

III

Nous abordons maintenant des documents d'un intérêt plus considérable, parce qu'ils se rapportent à des champs cultivés et aux redevances que le seigneur en retirait. Mais le scribe, comme fort souvent, a été trop paresseux pour faire le calcul, et le montant du produit et de la redevance est laissé *en blanc*.

Si le cœur nous en dit, nous pourrions nous soumettre à cette besogne sans but et à une perte de temps inutile.

Nous choisissons un texte court, mais bien conservé; il est coté *B. M.*, I, 94–10–16, 15.

I. 240 (toises; non écrit) en long des deux côtés, 48 en large des deux côtés, 6 arpents en plus, $8\frac{1}{2}$ en moins, champ de $112\frac{3}{4}$ arpents dont :

$10\frac{1}{2}$ à $3\frac{1}{5}$ cors.	$22\frac{1}{2}$ à $2\frac{3}{5}$ cors.
$10\frac{1}{4}$ à $2\frac{9}{10}$ cors.	8 à $2\frac{7}{15}$ cors.
10 à $2\frac{2}{5}$ cors.	3 à $\frac{1}{10}$ cors.
$9\frac{3}{4}$ à $3\frac{11}{100}$ cors.	$38\frac{3}{4}$ sans rapport.
$22\frac{1}{2}$ à $2\frac{3}{5}$ cors.	Blé (en blanc).
$10\frac{1}{2}$ à $2\frac{4}{5}$ cors.	

II. 250 en long des deux côtés, $45\frac{1}{2}$ toises 2 arpents en large des deux côtés, $4\frac{3}{4}$ arpents en plus, $7\frac{1}{2}$ en moins, champ de $111\frac{1}{2}$ arpents dont :

$8\frac{3}{4}$ à $3\frac{103}{150}$ cors.
12 à $1\frac{3}{10}$ cors.
14 à $4\frac{1}{15}$ cors.
$19\frac{3}{4}$ à $2\frac{13}{15}$ cors.
$21\frac{1}{2}$ à $2\frac{7}{30}$ cors.
36 sans rapport.
Blé (en blanc).

Un-tip, possesseur.
Mesuré par Nu-nê.
Blé (en blanc).

III. 180 (toises) en long des deux côtés, 63 toises 4 empans en large des deux côtés, 8 arpents en plus; $6\frac{3}{4}$ en moins, champ de $115\frac{1}{4}$ (*sic!*). Blé : (en blanc).

Nimu, possesseur. Mesuré par Nudingirra.

IV. 195 en long des deux côtés, 56 en large des deux côtés, $9\frac{1}{4}$ arpents en plus, $5\frac{1}{2}$ en moins, champ de 113 arpents. Blé : (en blanc).

Nu-parra (Avil-Sanas), possesseur. Mesuré par Ur-parra. Fief du Gula (grand fief).

V. 250 (?) en long des deux côtés, 44 toises 3 (?) empans en large des deux côtés, 7 arpents en plus, 4 en moins, champ de $113\frac{1}{2}$ arpents dont :

10 à $3\frac{7}{15}$ cors.	$6\frac{1}{2}$ à $2\frac{7}{10}$ cors.
$12\frac{1}{2}$ à $1\frac{103}{150}$ cors.	8 à 4 cors.
$15\frac{1}{2}$ à $2\frac{1}{10}$ cors.	5 à $1\frac{13}{20}$ cors.
$16\frac{1}{4}$ à $3\frac{9}{10}$ cors.	$39\frac{3}{4}$ sans rapport.

Blé : (en blanc). Ur-Ea, possesseur.

VI. 280 en long des deux côtés, 35 en large des deux côtés, 22 arpents en plus, $4\frac{3}{4}$ en moins, champ de $113\frac{1}{2}$ arpents dont :

14 à $1\frac{283}{300}$ cor.	$10\frac{1}{2}$ à $1\frac{3}{6}$ cor.
$7\frac{1}{2}$ à $\frac{2}{6}$ cor.	9 à $1\frac{2}{3}$ cor.
$8\frac{1}{2}$ à $2\frac{1}{2}$ cors.	$12\frac{1}{2}$ à $2\frac{2}{5}$ cors.
$14\frac{1}{2}$ à $3\frac{3}{10}$ cors.	$38\frac{3}{4}$ sans rapport.

Blé : (en blanc).

Ur-ham-ku (?), possesseur. Mesuré par Nugal-ku-zu (*Sar-ellu-mudu*). Fief *Sugalamma* (acquis par achat ?).

Terrain de forêt sur un front large (*tir-gab-buda*).

L'année suivante, celle où fut détruite la ville de Khukhtarris.

Voici l'analyse du document :

I.
$$240 \times 48 = 11520\ bin\ (sa) \qquad = 115\frac{1}{4}\ gan$$
$$+\ 6 - 8\frac{1}{2} \qquad\qquad\qquad = -\ 2\frac{1}{2}$$
$$\overline{\qquad\qquad\qquad\qquad\qquad 112\frac{3}{4}}$$

Aire : $112\frac{3}{4}\ gan$.

L'addition porte $113\frac{1}{4}$, il y a eu par mégarde un $\frac{1}{2}$ de trop.

II.
$$250 \times 45\frac{1}{2} = 11375\ bin \qquad = 113\frac{3}{4}\ gan$$
$$+\ 4\frac{3}{4} - 7\frac{1}{2} \qquad\qquad\qquad = -\ 2\frac{3}{4}$$
$$\overline{\qquad\qquad\qquad\qquad\qquad 111}$$

Aire : $111\frac{1}{2}\ gan$.

L'addition donne $111\frac{1}{2}$.

III.
$$180 \times 63\frac{1}{3} = 11400\ bin \qquad = 114\ gan$$
$$+\ 8 - 6\frac{3}{4} \qquad\qquad\qquad = +\ 1\frac{1}{4}$$
$$\overline{\qquad\qquad\qquad\qquad\qquad 115\frac{1}{4}}$$

Aire : $115\frac{1}{4}\ gan$.

Juste, pas de détails.

IV. $195 \times 56 = 10920$ *bin* $= 109 \frac{1}{4}$ *gan*
           $+ 9 \frac{1}{4} - 5 \frac{1}{2}$ $+ 3 \frac{3}{4}$
                                             $\overline{\qquad}$
                                             113

Aire : 113 *gan.*
Le calcul est juste.

V. $250(?) \times 44 \frac{1}{4} (?)$ $= \left[116 \frac{1}{2}\right]$ *gan*
          $+ - 4$ $= - 3$
                                           $\overline{\qquad}$
                                           $113 \frac{1}{3}$

Les chiffres des côtés sont incertains, l'addition est juste.

Aire : $115 \frac{1}{2}$ *gan.*

VI. $280 \times 35 = 9800$ *bin* $= 98$ *gan*
           $+ 22 - 4 \frac{3}{4}$ $= + 17 \frac{1}{4}$
                                             $\overline{\qquad}$
                                             $115 \frac{1}{4}$

Aire : $115 \frac{1}{4}$ *gan.*

Tout coïncide, calcul et addition des détails.

On voit que les incorrections sont fort légères, et qu'elles
proviennent généralement d'un clou mis ou omis par inadver-
tance.

Ce champ mesure donc en tout $682 \frac{1}{2}$ arpents ou 69 hectares.

Et, si l'addition des blés à livrer ne présentait pas d'intérêt
dans les documents où l'auteur s'est désisté de son travail, il
en est autrement dans les cas, malheureusement peu nom-
breux, où ces calculs ont été consignés dans les inscriptions.
Les matières premières à livrer ont dû faire l'objet d'un travail
notable que nous pouvons examiner avec toutes les apprécia-
tions critiques qu'il suggère.

Il y a une considération que cette étude nous impose. Les
calculs n'ont pas toujours été exécutés *avec la bonne foi* qu'on
devait présumer. *Quilibet præsumitur bonus, donec probetur con-
trarium.* Or voici ce que nous constatons. Les textes que nous

analysons sont intacts, sauf les lignes où le résultat en mesures de blé est consigné, et pour la plupart, les chiffres qui les constatent sont *grattés*, il y a des *faux* en écriture publique, découverts par les surintendants et scribes du roi.

Prenons un exemple (*B. M.*, I, 95-12-14, 1) où les récoltes sans déduction doivent être livrées à l'autorité. Le texte présente plusieurs terrains exploités que nous ne traduisons pas ici, mais nous donnons les résultats : le premier lot fournit une somme de $684\frac{1}{20}$ cors : on lit $384\frac{1}{20}$ cors. Le second lot donne d'après le calcul $435\frac{7}{10}$, le chiffre gratté dit $235\frac{7}{10}$ cors.

Dans un troisième cas le blé à livrer était de $549\frac{1}{2}$ cors, on avait écrit $349\frac{1}{2}$ cors. Un quatrième devait fournir $132\frac{31}{60}$, on voit 32, la fraction a été grattée de manière à ne pouvoir être restituée.

Tous ces changements sont opérés après la cuisson de la brique, et ne sont pas le produit d'une oblitération de l'écriture sur la brique molle ; ils ont été faits imparfaitement, en sorte qu'on peut en général se rendre compte des chiffres primitifs.

Et que l'on ne dise pas qu'il peut y avoir erreur dans les centaines : les chiffres sont donnés tous dans le système sexagésimal, par *ner* de 600 et par *soss* de 60, de sorte que les quatre chiffres sont exprimés ainsi qu'il suit :

$$384\,\tfrac{1}{20} : 6.24\,\tfrac{1}{20} \text{ et non} : 11.24\,\tfrac{7}{10} = 684\,\tfrac{7}{20}.$$
$$235\,\tfrac{7}{10} : 3.55\,\tfrac{7}{10} \text{ et non} : 7.15\,\tfrac{7}{10} = 435\,\tfrac{7}{10}.$$
$$349\,\tfrac{1}{2} : 5.49\,\tfrac{1}{2} \text{ et non} : 9.9\,\tfrac{1}{2} = 549\,\tfrac{1}{2}.$$
$$32.. : 32.. \text{ et non} : 2.12\,\tfrac{31}{60} = 132\,\tfrac{31}{60}.$$

Pour nous, qui sommes une espèce de juge d'instruction dans cette affaire couverte par la prescription, il résulte en outre clairement qu'en l'an 4000 av. J.-C. on prononçait d'après le système décimal, et que la notation seule était sexagésimale.

Nous avons à analyser d'autres textes plus instructifs encore.

Ces documents, qui portaient et portent encore les indications des quantités de blé exigibles, fournissent presque tous l'addition des prestations livrées. Ces nombres nous ont coûté de longues journées de travaux pour compléter les chiffres en partie effacés. La méthode des moindres résidus, la théorie des nombres premiers contenus dans les indications du texte et qu'il fallait retrouver dans les différences, nous avaient fait établir une quantité d'équations diophantiques plus ou moins admissibles jusqu'à ce que nous fussions à la fin assez heureux pour mettre le doigt sur la vérité.

Le premier de ces documents (*B.M.*, I, 96-3-28, 2) doit être ainsi traduit :

I. 660 (toises) en long des deux côtés, 77 des deux côtés, 78 arpents en plus, $12\frac{3}{4}$ en moins, champ de $573\frac{1}{2}$ arpents dont :

$91\frac{1}{4}$ à $\frac{1}{5}$ cor;
$44\frac{1}{2}$ à $\frac{3}{5}$ cor;
38 à 1 cor.
$399\frac{3}{4}$ sans rapport.
Blé, (chiffre effacé à dessein) cors.
Ur-Sulpa-uddu, scribe.

II. 670 en long des deux côtés, 50 en large des deux côtés, $9\frac{1}{2}$ arpents en plus, $58\frac{1}{4}$ en moins, champ de 286 arpents dont :

30 à $\frac{3}{5}$ cor;
42 à $\frac{2}{5}$ cor;
$49\frac{1}{2}$ à $\frac{1}{5}$;
170 $\frac{1}{2}$ (*sic!*) sans rapport.
Blé : (effacé à dessein, semble avoir été 27 cors 240 cabs).
Un-(?)ga, scribe, fils de Ba-ada.

III. 630 en long des deux côtés, 36 en large des deux côtés, $15\frac{1}{2}$ arpents en plus, $\frac{3}{4}$ en moins, champ de $241\frac{1}{2}$ arpents, dont :

$37\frac{3}{4}$ à $\frac{2}{5}$ cor;
$31\frac{3}{4}$ à $\frac{3}{5}$ cor;
14 à $\frac{1}{5}$ cor;
158 sans rapport.

Blé, (effacé, peu lisible) cors.
Ur-Nirmuk, scribe.

IV. 630 en long des deux côtés, 34 $\frac{1}{2}$ en large des deux côtés, 18 $\frac{1}{2}$ arpents en plus, 1 $\frac{1}{3}$ en moins, champ de 234 $\frac{1}{2}$ arpents dont :

25 $\frac{1}{2}$ à $\frac{2}{5}$ cor;
27 $\frac{1}{4}$ à $\frac{3}{5}$;
15 $\frac{1}{2}$ à $\frac{1}{5}$;
166 $\frac{1}{4}$ sans rapport.

Blé : 19 cors 230 cabs.
Nu-Akre (Aril-Sin), fils d'Ur-Babi, délégué par Dada.

Ce montant (littéralement : cette tige) doit être diminué d'un onzième.
Fief du dieu Nin-marki, *Kis-ba*.
L'année suivant celle où le pays de Kibar (ou Kimas) fut dévasté. (Peut-être sous Sur-Sunaku ou sous Sulgi, voir *B. M.*, V. n° 18346.)
(En marge), 123 cors 230 cabs.

L'analyse des chiffres donnés dans le texte se résume ainsi :

$$
\begin{aligned}
\text{I. } 660 \times 77 &= 50{,}820 = 508\tfrac{1}{4}\ \text{gan} \\
+ 78 - 12\tfrac{3}{4} &\qquad\qquad = +65\tfrac{1}{4} \\
\hline
\text{aire } 573\tfrac{1}{2}\ \text{gan} &\qquad\qquad = 573\tfrac{1}{2}\ \text{gan}
\end{aligned}
$$

Le produit des parcelles des lots monte à 82 $\frac{12}{20}$ cors.

$$
\begin{aligned}
\text{II. } 670 \times 50 &= 33{,}500\ \text{bin} = 335\ \text{gan} \\
+ 9\tfrac{1}{2} = 58\tfrac{1}{2} &\qquad\qquad = -49 \\
\hline
\text{Aire : } 286\ \text{gan.} &\qquad\qquad 286
\end{aligned}
$$

Le nombre des gan est dans l'addition 292 gan, dont un 6, ⟶ est de trop. Le chiffre obtenu par le texte est de 44 $\frac{7}{10}$, le résultat effacé est 29 $\frac{2}{15}$ cors, ce qui nous conduirait, comme nous verrons tout à l'heure, à 43 $\frac{7}{10}$ cors. Les différences sont en partie faussées au moins de 30 à $\frac{3}{5}$, il faut 30 à $\frac{14}{15}$ (180 cabs, on a mis au lieu de 280); il y aura alors au lieu de 44 $\frac{7}{10}$ cors : 54 $\frac{7}{10}$. C'est la seule correction nécessaire : au lieu de ⫫ il faut ⊫⟶ .

$$\text{III.} \quad 30 \times 36 = 22{,}680 \text{ bin} = 225\tfrac{1}{4} \text{ gan}$$
$$15\tfrac{1}{2} - \tfrac{2}{4} \qquad\qquad = + 14\tfrac{3}{4}$$
$$\text{Aire : } 241\tfrac{1}{2} \qquad\qquad\qquad 241\tfrac{1}{2}$$

La somme du blé donne $36\tfrac{12}{20}$ cors : le chiffre est gratté. Somme prévue par l'addition.

$$\text{IV.} \quad 630 \times 34\tfrac{1}{2} = 21735 \text{ bin} = 217\tfrac{1}{4} \text{ gan.}$$
$$+18\tfrac{1}{2} - 1\tfrac{1}{4} \qquad\qquad = 17\tfrac{1}{4} \text{ gan.}$$
$$\text{Aire : } 234\tfrac{1}{4} \text{ gan.} \qquad\qquad = 234\tfrac{1}{2} \text{ gan.}$$

Voici les récoltes :

$$25\tfrac{1}{2} \text{ à } \tfrac{2}{5} = 10\tfrac{1}{5} \text{ cors.}$$
$$27\tfrac{1}{4} \text{ à } \tfrac{3}{5} = 16\tfrac{7}{20} \text{ cors.}$$
$$15\tfrac{1}{2} \text{ à } \tfrac{1}{5} = 3\tfrac{1}{10} \text{ cors.}$$
$$166\tfrac{1}{4} \, (sic) \text{ à } 0 = 0.$$
$$235 \qquad\qquad 29\tfrac{13}{20} \text{ cors.}$$

La somme conservée, et *non grattée*, est 19 cors 230 cabs, ou $19\tfrac{13}{30}$ cors. Or,

$$29\tfrac{13}{20} = \tfrac{593}{20}$$
$$19\tfrac{23}{30} = \tfrac{593}{30}.$$

Nous avons donc ici deux fois le nombre premier 593 qu'on n'introduit pas là où il ne se trouve pas. Or le nombre donné par le texte équivaut aux *deux tiers* du résultat de l'addition : *ergo* le chiffre noté dans le document représente la quote-part du Trésor, d'après un taux fixé chaque fois. Nous obtenons alors :

$$\text{I.} \quad 82\tfrac{12}{20} \times \tfrac{2}{3} = 55\tfrac{9}{30}$$
$$\text{II.} \quad 54\tfrac{7}{10} \times \tfrac{2}{3} = 36\tfrac{7}{10}$$
$$\text{III.} \quad 36\tfrac{12}{20} \times \tfrac{2}{3} = 24\tfrac{12}{30}$$
$$\text{IV.} \quad 29\tfrac{13}{20} \times \tfrac{2}{3} = 19\tfrac{23}{30}$$
$$\text{Somme : } \quad 204\tfrac{1}{4} \times \tfrac{2}{3} = 136\tfrac{1}{6}$$

La somme de $136\tfrac{1}{6}$ est soumise au rabais d'un onzième. Or

$136\frac{1}{6} - 12\frac{2}{6}\frac{5}{6} = 123\frac{8}{3}\frac{6}{3}$. Cette fraction $\frac{4}{6}\frac{6}{6}$, appliquée à l'unité 300, est égale à $236\frac{4}{10}$; le texte a réduit ce terme à : 123 cors 230 cabs qui se trouve écrit en marge.

La ligne répétée quelquefois ailleurs qui porte du rabais est :

ap   nam   bi I   sara   XI   tai

Caulis iste diminutus est undecima (parte).

«Cette tige (ce montant) est diminuée d'un onzième.»

Le calcul donne comme dans l'exemple suivant l'expression philologique des mots sumériens.

Dans un document de la même année ($B. M.$, I, 96-30-25) la proportion n'est pas des deux tiers, mais de trois cinquièmes. Nous nous bornons à donner de suite les résultats :

$$\text{I. } 700 \times 45\frac{1}{4} = 31{,}675 \text{ bin} = 316\frac{3}{4} \text{ gan.}$$

$+\ 4 - 6$ (*sic*), doit être ◀▸◀, 24.

et non pas ▸◀ $= -20$

$$\overline{\qquad 296\frac{3}{4} \text{ gan.}}$$

Aire : $296\frac{3}{4}$ gan.

$$45 \quad \text{à } \tfrac{3}{6} = 27 \quad \text{cors.}$$
$$20\tfrac{1}{2} \text{ à } \tfrac{1}{5} = 24\tfrac{3}{5} \text{ cors.}$$
$$63\tfrac{1}{4} \text{ à } \tfrac{3}{5} = 12\tfrac{13}{20} \text{ cors.}$$
$$167\tfrac{3}{4} \text{ à } 0 = \quad 0 \text{ cors.}$$
$$\overline{296\tfrac{3}{4} \qquad = 64\tfrac{1}{4} \text{ cors.}}$$

Blé : (chiffre gratté). Le reste des spécifications est également détruit.

$$\text{II. } 710 \times 45\frac{1}{2} = 32{,}305 \text{ bin} = 323 \text{ gan.}$$
$$+\ 3\frac{1}{2} - 29\frac{1}{2} \qquad\qquad 26 \text{ gan.}$$
$$\overline{\qquad\qquad 297 \text{ gan.}}$$

Aire : 297 gan.

Les détails sont un peu détériorés, et il a fallu rétablir par le calcul la fraction manquant après 43 à 1.

$$45\tfrac{1}{2} \text{ à } \tfrac{2}{5} = 18\tfrac{1}{5} \text{ cors.}$$
$$37 \text{ à } 1\tfrac{2}{5} = 51\tfrac{4}{5} \text{ cors.}$$
$$22\tfrac{1}{2} \text{ à } 2 = 45 \text{ cors.}$$
$$43 \text{ à } 1\tfrac{6}{28} = 51\tfrac{223}{300} \text{ cors.}$$
$$\underline{149 \text{ à } 0 = 0 \qquad\qquad\qquad}$$
$$297 \qquad = 166\tfrac{223}{300} \text{ cors.}$$

Le montant de la dîme est détruit à dessein.

$$\text{III. } 710 \times 43 = 30{,}530 \text{ bin} = 305\tfrac{1}{4} \text{ gan.}$$
$$+14 \; -17\tfrac{1}{2} \qquad = -3\tfrac{1}{2} \text{ gan.}$$
$$\overline{\qquad\qquad\qquad 301\tfrac{3}{4} \text{ gan.}}$$

Aire : $301\tfrac{3}{4}$.

$$75\tfrac{1}{2} \text{ à } \tfrac{14}{500} \left(\tfrac{1}{5}+\tfrac{7}{500}\right) = 15\tfrac{61}{90} \text{ cors.}$$
$$31 \text{ à } \tfrac{2}{5} \qquad\qquad\qquad = 12\tfrac{3}{5} \text{ cors.}$$
$$19\tfrac{3}{4} \text{ à } 2 \qquad\qquad\qquad = 39\tfrac{1}{2} \text{ cors.}$$
$$175 \text{ à } 0 \qquad\qquad\qquad = 0$$
$$\overline{301\tfrac{3}{4}} \qquad\qquad\quad \overline{= 67\tfrac{7}{9} \text{ cors.}}$$

La quantité du blé est grattée, mais très lisible; on lit «$40\tfrac{2}{5}$ cors». Or, $40\tfrac{2}{5}$ sont presque exactement les trois cinquièmes de $67\tfrac{7}{9}$, et la lacune du texte est à peu près restituée d'après ce calcul. Il faut donc admettre partout la réduction à trois cinquièmes, ce qui nous fournit :

$$\text{I. } \quad 64\tfrac{1}{4} \times \tfrac{3}{5} = 38\tfrac{11}{20}$$
$$\text{II. } \quad 166\tfrac{223}{300} \times \tfrac{3}{5} = 100\tfrac{2}{45}$$
$$\text{III. } \quad 67\tfrac{7}{9} \times \tfrac{3}{5} = 40\tfrac{2}{3}$$
$$\overline{\qquad\qquad\qquad\qquad\qquad\qquad}$$
$$= 179\tfrac{47}{180}, \text{ dont le } \textit{douzième} \text{ à déduire est,}$$
$$14\tfrac{689}{180}$$
$$\overline{164\tfrac{580}{1800} \text{ ou «}164 \text{ cors } 96\tfrac{5}{9} \text{ cabs».}}$$

Voici la fin du texte :

«Ce montant est à diminuer d'un douzième.

«Le champ appartient au Roi du district de la ville.

«Fief du dieu Nin-Marki.

«164 cors $96\tfrac{5}{9}$ cabs.

«Dans l'année suivant celle où le pays de Kimas fut dévasté.»

Un autre document assez mutilé ($B.\,M.$, I, 96-410, 3) rend compte d'un seul lot de $94\frac{3}{4}$ arpents seulement. Il y a une récolte de $124\frac{2}{5}$ cors, et le chiffre à fixer effacé porte encore très clairement 5 cors 160 cabs, $4\frac{8}{15}$ cors. La proportion est très simple, c'est divisé par *vingt-deux et demi*, ce qui est le huitième de 180; au Louvre il se trouve un petit poids qui porte l'inscription « $22\frac{1}{2}$ grains » c'est-à-dire la huitième partie de la drachme.

Exactement, le résultat serait 124 cors $158\frac{2}{3}$ cabs, on a arrondi le chiffre en 160. En haut on lit un chiffre mutilé, 160 cors.

D'autres textes portent l'offrande à un dix-huitième; il n'y en a pas dans la collection du Musée britannique, mais il s'en trouve un fragment au Louvre, et un texte à Berlin. Ce dernier a causé assez de désagréments; il a été examiné par M. Reisner dans un article publié dans les *Comptes rendus mensuels* (*Monatsberichte*) de l'Académie de Berlin, 1896. Je me suis déjà, avant d'avoir eu la preuve complète, expliqué sur la valeur de ce petit travail qui a été l'objet d'éloges immérités.

Jusqu'ici nous n'avions aucune indication qui nous autorisât à expliquer l'étrange résultat auquel était parvenu M. Reisner. Nous en possédons maintenant. M. Reisner a tout bonnement pris comme terme de mesure agraire une donnée fournissant exclusivement la proportion de la récolte due au seigneur; cette évaluation est absolument sans corrélation avec la subdivision du système des mesures superficiaires. Il est par suite arrivé à cette monstrueuse fiction qu'un peuple ait pu ignorer la moitié et l'ait remplacée en additionnant un tiers à trois dix-huitièmes; il a cru pouvoir admettre que dans un système quelconque, il eût pu exister une subdivision sans interruption de *un à dix-huit cents*. Et cela, parce que dans un des deux textes il avait trouvé l'indication mentionnée ci-dessus : il avait cependant consulté d'autres documents, il avait vu que l'ar-

pent (gan) pouvait avec le même droit se scinder en 150
et 250 parties. Dans son mémoire, M. Reisner n'a pas tenu
compte des résultats acquis depuis quarante ans : il a établi
la proportion entre eux des sept signes superficiaires, la-
quelle il était d'ailleurs impossible de ne pas déterminer avec
tous les documents dont il disposait et dont il a mal reconnu
la raison d'être et la signification.

Nous regrettons que M. Thureau-Dangin se soit fait le porte-
voix de ces inacceptables résultats, quoique dans un de ses
travaux (*Z. A.*, XI, 426 et suiv.) il ait le premier donné le
sens approximativement vrai des expressions agraires. Cette in-
terprétation juste détonne néanmoins avec les chiffres inexacts
et dix-huit fois trop petits qu'il attribue aux superficies.

Dans tous les efforts des anciens on doit reconnaître leur
sens éminemment pratique, qui les a préservés d'établir des
calculs qui se heurtent à des impossibilités d'exécution : le résultat le plus simple est toujours le vrai.

Pour nous résumer, le trait horizontal, ⊷, représente, ici
comme dans tous les siècles qui suivent, *l'unité*, et rien que
l'unité. L'échelle des signes est donc :

$$\frac{1}{4} \qquad \frac{1}{2} \qquad 1 \qquad 6 \qquad 18 \qquad 180 \qquad 1800$$

Les documents que nous avons analysés en dernier lieu, se
rapportent à des droits, des dîmes, dues à l'État, et qui étaient
perçues, comme nous l'avons dit plus haut, et représentées par
des quotités fixées selon les récoltes. Dans ces temps anciens,
l'argent avait une valeur bien plus élevée que dans les siècles
suivants, et nous pouvons progressivement contrôler cette aug-
mentation dans les quarantième, vingt-cinquième et douzième
siècles avant l'ère chrétienne. Dans les temps plus anciens le
cor valait une drachme; dans un passage (*B. M.*, I, 94-10, 15,

4; II, 7), $5\frac{5}{6}$ mines 7 drachmes et un sixième plus 9 grains d'argent sont considérés comme équivalant à 357 cors et 65 cabs. Si l'on n'avait pas su (comparez notre *Étalon des mesures assyriennes*, p. 78, 1872) que 180 grains composent une drachme, l'exemple cité pourrait nous l'apprendre. Car 65 cabs sont $\frac{13}{60}$ cor, et en exprimant par x le nombre des grains par drachme, nous aurons :

$$\frac{13}{60}\,x = \tfrac{1}{6}\,x + 9$$
$$\frac{1}{20}\,x = 9$$
$$x = 180$$

Il est probable que la prestation imposée se comptait même ainsi, car $\frac{1}{18}$ et $\frac{1}{22\frac{1}{2}}$ forment des fractions quand on adopte le nombre 300 pour unité, ce qui est évité avec le nombre de 180. On payait :

D'UN COR :		D'UNE DRACHME :
$\dfrac{1}{21\frac{1}{2}}$: $13\frac{1}{3}$ cabs		8 grains
$\frac{1}{18}$: $16\frac{1}{3}$ cabs		10 grains
$\frac{3}{5}$: 180 cabs		108 grains
$\frac{2}{3}$: 200 cabs		120 grains

Plus tard, du temps de la dynastie sémitique, les mesures semblent avoir acquis une valeur plus grande. Nous manquons de données pour les prix de cette période du quatrième millenium : mais du temps des Élamites, vers le xxvie siècle, on n'acheta plus un cor pour une drachme d'argent[1]. Un texte publié par M. Meissner (n° 4) le prouve : mais on a mal lu le chiffre qui précède le mot *cors*.

M. Meissner et moi avions lu $\frac{2}{3}$ de cor, ce qui est contraire à tous les usages et à tous les textes. M. Peiser avait cru reconnaître le chiffre 3, ce qui est au moins conforme aux règles de la notation ; mais il y a onze ⟨ au lieu de ⟨⟨ qu'on

---

[1] M. Reisner donne cette équivalence, comme du reste toutes les autres, comme étant due à lui-même.

croyait voir. Ces 11 cors $4\frac{2}{3}$ cabs sont équivalents à $20\frac{2}{3}$ drachmes d'argent, Il doit donc y avoir un nombre qui soit un multiple du nombre premier 31 cors, $20\frac{2}{3} = \frac{62}{3}$. Or, parmi les nombres rentrant dans cette catégorie, il n'y a guère que celui de $2314\frac{2}{3}$ ou $\frac{6944}{3}$, ou $112 \times \frac{62}{3}$. Mais ces 11 cors et $4\frac{2}{3}$ cabs nous conduiraient à un cor de 210 cabs. Il est dit dans le passage que le cor se comptait d'après *le taux du Dieu Soleil;* il paraît maintenant, ce que nous avions déjà présumé, que le taux du Soleil était le système *septimal :* l'hecte se composait de 7 cabs, l'amphore de 42 et le cor de 210 cabs. L'amphore était le métrétès septimal, le *masih,* dont nous avons traité il y a deux ans.

Donc 11 cors $4\frac{2}{3}$ cabs d'huile, d'après le taux du Dieu Soleil, sont payés $20\frac{2}{3}$ drachmes d'argent; on payait alors une drachme pour $\frac{3}{15}$ de ce cor septimal, c'est-à-dire 112 cabs ou 16 hectes.

Il est à présumer que le taux des intérêts d'après le taux du Soleil était de 12 drachmes par mine et par an, mais qu'il était augmenté d'un sixième et atteignait 14 drachmes comme la canne septimale de 7 aunes de 24 pouces a persisté jusqu'au temps des Romains.

Du temps de la dynastie perse, de Nabuchodonosor Ier, de Marduk-nadin-akhe, au treizième ou au douzième siècle, le cab était vendu 1 argent (R. III, 41, 21, et notre article dans la *Revue d'assyriologie*, t. I, p. 132); il est probable que c'était le 36e de la drachme, le demi-tiers carré, donc 5 grains. Nous aurions donc pour les différentes périodes antiques les prix suivants :

PRIX DU CAB.

Au 40e siècle : $\frac{3}{5}$ grain d'argent ou centime de notre monnaie.
Au 25e siècle : $1\frac{1}{8}$, $1\frac{17}{28}$, $1\frac{7}{8}$ grain d'argent (selon le taux du cor).
Au 13e siècle : 5 grains d'argent.

La drachme ordinaire équivalant à 1 fr. 80 de notre monnaie, le grain est exactement notre centime.

Plus tard, dans les temps de la dynastie des Sargonides, des rois de Babylone et des Perses, tout renchérit! Le prix de l'argent avait considérablement baissé et beaucoup de données, basées sur le calcul, nous font supposer que le prix des marchandises était dans la riche Chaldée tout aussi élevé que plus tard, sous l'empire romain.

Nous avons voulu nous occuper ici seulement de ces périodes reculées, où naguère on plaçait la création du monde. Le monde existait depuis fort longtemps. Une grande quantité de siècles ou de dizaines de siècles avaient été nécessaires pour établir une civilisation aussi avancée que celle que nous présentent ces textes cunéiformes émanant de la première ou des premières dynasties d'Ur. On les a généralement placés après Sargon Ier et Naramsin, mais rien ne prouve qu'ils n'aient pas été antérieurs aux Sémites; pour trancher cette question, il faudra des documents précis qui aujourd'hui nous font absolument défaut. Jusqu'à nouvel ordre nous admettrons donc que les Ibil-Aku, Sur-Aku, Su-Aku ne s'appellent pas Apil-Sin, Amar-Sin ou Gamil-Sin de leur nom sémitisé.

Nous ne connaissons encore rien des mœurs de ce peuple, sinon que les mêmes faiblesses se rencontrent déjà, tout comme dans notre temps. Les écrits juridiques de l'époque postérieure au troisième millenium nous rendent compte d'une organisation politique qui a dû exister déjà plus tôt, puisque nous nous trouvons en présence d'institutions précises comme celle du calendrier et d'une administration assez compliquée. Rien de nouveau sous le soleil.

www.ingramcontent.com/pod-product-compliance
Ingram Content Group UK Ltd.
Pitfield, Milton Keynes, MK11 3LW, UK
UKHW020002130726
13694UKWH00005B/2030